DU

REMBOURSEMENT

OU

DE LA RÉDUCTION DE L'INTÉRÊT

DE LA

DETTE CINQ POUR CENT.

PARIS.

Imprimerie de Terzuolo,

RUE DE VAUGIRARD, N. 11.

Janvier 1838.

DU REMBOURSEMENT

ou

DE LA RÉDUCTION DE L'INTÉRÊT

DE LA DETTE CINQ POUR CENT.

———

Jamais question d'un principe aussi grave, contenant autant d'immensité dans ses résultats, ne fut soumise à l'attention des esprits méditatifs, au laborieux examen des hommes d'état.

La loyauté française, ses finances, sa politique, jusqu'à son crédit, se groupent autour de la solution. La classe des rentiers, celle des contribuables, que certaines opinions peu soucieuses du bien public se plaisent à diviser en camps ennemis, attendent avec anxiété le résultat d'une discussion trop souvent commencée.

Il faut le dire, les questions de finances en France sont généralement mal expliquées, partant, mal comprises. L'homme qui sait, confiant, quelque peu arrogant dans son savoir, manque de condescendance pour l'esprit qu'il répute inférieur. La patience de la persuasion lui est étrangère ; il se prélasse dans sa science, et dédaigne de soulever le voile sous lequel elle se dérobe aux esprits qui n'en ont pas fait leur étude spéciale.

Alors, comment s'étonner, lorsque l'ignorance entraînée par les passions produit de fâcheux effets, lorsque l'adresse enveloppant l'incrédulité assure le triomphe des idées fausses et du mauvais vouloir ?

Portez donc la lumière au sein des masses, rendez toutes les questions compréhensibles ; car persuader, c'est gouverner. Là est la science, là aussi est le repos dans la force.

On ne saurait assez le répéter, cette question, considérée à tort comme toute de finance, embrasse la haute politique ; car la loyauté est aussi de la politique.

Il est donc indispensable, en remontant à son origine, de la bien embrasser dans toute son étendue, de mesurer son influence sur la société tout entière, et de rechercher en conscience si la diminution de la rente, bien loin d'être ornée de toutes les utilités qu'on lui prête, ne compromet pas l'avenir de la France par le renversement des principes, l'altération du crédit, par la désunion qu'une telle mesure introduira entre deux classes de la société ayant un droit égal à la sollicitude du pouvoir.

La question de droit se présente la première dans l'ordre logique des idées.

Puis vient la possibilité, le réel de l'opération ;

Ensuite quel sera l'avantage pour le pays.

Car en toute mesure gouvernementale, quelle que soit son espèce,

D'abord le droit, puis le résultat.

Telles sont les bases sur lesquelles l'homme politique doit asseoir ses méditations.

DU DROIT.

La mesure du remboursement est-elle fondée sur le droit, est-elle vraiment appuyée sur la loi ?

L'examen d'une question aussi difficile demande une attention profonde et consciencieuse. Lorsqu'on se trouve placé à une telle hauteur, l'intelligence humaine doit s'isoler des passions, remonter aux origines, s'étendre sur les détails, ne rien négliger de ce qui peut faire paraître la lumière ; car il s'agit de l'honneur national et du sort de beaucoup de familles.

Cette question de droit, la première de toutes, dans toutes les circonstances, dans toutes les positions, n'a pas été, ce nous semble, débattue jusqu'à ce jour de manière à recevoir la sanction de l'opinion. On doute, on cherche, on s'agite, mais on est encore bien loin de ce grand calme qui se répand toujours sur les masses, lorsqu'une vérité long-temps recherchée pénètre dans les esprits, éclatante de lumière.

Les défenseurs de la mesure ont dit nettement : Par le Code civil, par des lois même antérieures, la discussion sur le droit de remboursement se trouve tranchée. Lisez le Code, l'article 1911; que dit-il :

La rente constituée en perpétuel est essentiellement rachetable.

Devant une telle autorité, courbez la tête, et rendez-vous. Et pourquoi donc le gouvernement serait-il placé dans une autre position que le particulier? pourquoi prétendez-vous lui imposer un tel désavantage? Sans doute le rentier mérite tout notre intérêt; mais il sait, il a toujours su que sa rente était rachetable. Ce n'est pas une position nouvelle que nous lui faisons; elle existait avant nous. D'ailleurs, n'a-t-il pas eu la faculté de vendre au-dessus du pair, conséquemment d'augmenter son capital? Pourquoi donc ne l'a-t-il pas fait?

Non, ce n'est pas une injustice, encore moins une illégalité. Nous sommes dans le vrai, dans le positif; on n'a aucun reproche à nous adresser, car nous usons d'un droit connu, d'un droit imprescriptible.

Ce raisonnement est fort, entraînant; selon quelques-uns, il est irrésistible : nous essaierons néanmoins d'y répondre plus tard.

Ici se place en seconde ligne de la défense une considération qu'il est bon de réfuter sur-le-champ.

Mais, dit-on, hors un petit nombre de rentiers stationnaires, de rentiers véritables, presque momies, l'intérêt de la dette est formé d'un flot d'emprunts, dont quelques-uns ont été livrés, vous en conviendrez sans doute, à un taux tellement bas, qu'en toute conscience l'État ne peut éprouver ni regrets ni remords à l'article du remboursement.

Eh quoi! après vous avoir laissé jouir d'un intérêt énorme pendant longues années, après avoir subi le poids de votre usure, nous doublons votre capital ! Mais, bien loin de vous plaindre, votez-nous des actions de grâces ; car nous avons supporté un joug bien dur, et cependant aujourd'hui nous venons le cou-vrir d'or.

La réponse est facile.

D'abord retranchez ce mot d'usure ; s'il y a de l'adresse à l'employer, au moins il manque de vérité. L'usure exclut la concurrence, l'usure est essentiellement fixe dans ses résultats. Telles ne sont pas les conditions de nos emprunts : ces conditions ont réuni concurrence, variabilité. Le taux était bas, dites-vous ; c'est qu'alors vos affaires périclitaient, nos chances ne valaient pas mieux.

Voyez l'Espagne, voyez le Portugal, l'achat de leurs rentes à 5o p. o/o a ruiné le rentier. Votre perte eût entraîné dans le précipice nos capitaux, peut-être nos personnes ; et lorsque ces capitaux ont écarté de votre pays le danger dont il était menacé, lorsqu'ils ont puissamment contribué au développement d'une prospérité peu commune, n'y a-t-il pas une haute ingratitude à venir nous reprocher la part que nous y avons apportée !

Oui, cette classe de rentiers peut, elle aussi, parler haut, parler vrai, et la France et l'Europe y applaudiront également.

Revenons au droit.

L'État est régi comme le particulier par le Code, par le droit commun.

Nous ne le pensons pas ; et notre opinion s'appuie sur une masse de preuves dans un grand nombre d'espèces. Et, par exemple, les questions administratives sont-elles résolues par le droit commun ? Ne venez-vous pas sans cesse déclarer le conflit au malheureux qui plaide contre le domaine ? Accorderiez-vous au rentier le droit d'exiger son remboursement dans les cas prévus par l'article du Code ? Votre loi banqueroutière de vendémiaire an 6, celle plus juste de nivôse an 6, qui déclare la rente insaisissable ; tout cela, je vous le demande, est-il dans le droit commun ? Eh ! non. Sans doute, c'est un droit tout spécial que s'attribue le gouvernement, entièrement en dehors de ce droit commun si subitement invoqué en son nom.

Mais, s'il est vrai qu'un droit spécial règle la matière, c'est dans l'origine de cette matière qu'il faut chercher nos raisons, c'est là que nous devons porter notre examen tout entier.

Voyons la loi d'août 1793, la loi du grand livre; cherchons dans le rapport de Cambon les analogies sur lesquelles il nous sera permis de raisonner.

Que dit Cambon :

« Nous avons cru que l'inscription sur le grand-livre ne dé-
» vait pas rappeler le capital..... En ne faisant pas cette mention,
» la nation aura toujours dans sa main le taux du crédit public,
» un débiteur en rente perpétuelle ayant le droit de se libérer;
» si une inscription de 50 livres ne se vendait sur la place que
» 800 livres, la nation pourrait offrir le remboursement de ces
» 50 livres moyennant 900 livres (denier 15). Dès ce moment,
» le crédit public monterait au-dessus de ce cours, où la nation
» *pourrait sans injustice gagner* en se libérant un dixième du ca-
» pital, puisque le créancier serait *le maître de garder* sa rente,
» ou de recevoir son remboursement; au lieu que si on inscri-
» vait le capital, cette opération serait impossible, ou aurait l'air
» d'une banqueroute partielle. »

Notez-le bien, Cambon a dit : « Le créancier serait le maître de garder sa rente. »

Il faut le dire, ce rapport de Cambon est fort mal écrit; mais cela n'empêche pas une pensée très-loyale de s'y faire jour (loyale en 93!). Lorsque la rente est à un taux tel que l'État propose un prix supérieur à toutes les concurrences, et que le rentier l'accepte, alors la nation peut gagner sans injustice; mais alors seulement, car la logique doit être écoutée. Cambon est bien éloigné de proposer le remboursement forcé, car il dit précisément le contraire.

Cambon ne pensait pas à payer 100 fr. ce qui en vaut 107, puisqu'il donnait 900 fr. de ce qui en valait seulement 800. C'était un arrangement amiable, avantageux au rentier, avantageux à la nation. Cambon agit noblement, suivons son exemple.

Vous le voyez, la loi première du grand livre, celle d'août 1793, ne reconnaît pas à l'État de droit de rembourser la rente à son gré. Elle a senti que pour être juste il lui fallait au même moment donner au rentier le droit de demander son capital; elle parle seulement de faculté, de transaction.

Passons à la loi de vendémiaire an 6. Pour le coup, celle-là ne transige pas. Elle tranche le rentier en trois parts : deux pour la banqueroute, une part *pour le consolidé* (loi de 93).

Rentier taillable et corvéable à merci. Naguère sa position fut belle, enviable. 30,000 livres de rente dans les premières années de Louis XV. L'abbé Terray, de glorieuse mémoire, le liquida à moitié perte de ses 15,000 liv. de rentes, la nation de l'an 6 lui en souffle 5,000 seulement. Aujourd'hui, réduit à moins que le nécessaire, il tremble de nouveau à la menace de votre faux remboursement, que, lui, nomme une retenue.

Pauvre rentier, découvrez encore quelque droit, il invoquera l'hospice, si toutefois l'hospice consent à le recevoir.

Mais, enfin, la loi de vendémiaire an 6 parle-t-elle du remboursement ? Non, évidemment non. Bien mieux, elle en parle si peu que, pour pallier l'horreur de sa banqueroute, elle vient semer quelques fleurs sur ce tiers *conservé*, resté debout au milieu de la tempête. Il sera désormais exempt de contribution, de toute retenue.

La loi de nivôse an 6 le déclare insaisissable, et auparavant, art. 15, reconnaît le perpétuel, sans même indiquer le droit du remboursement (1). Or ce tiers, aïeul de toute la rente 5 p. o/o, a légué à ses descendants les mêmes faveurs si chèrement achetées.

(1) Art. 15 :

« Après le 1er germinal an 6, ceux qui n'auront point fourni leur déclaration d'option seront censés avoir opté pour le *perpétuel*, et en conséquence inscrits au grand livre de la dette consolidée pour *une rente annuelle*, etc. »

Celle de germinal an 10 renouvelle à la rente le nom de 5 p. o/o consolidé. (Consolider des dettes, c'est-à-dire ne s'occuper que des intérêts) (1).

Remontez encore au rapport de Cambon, vous y apprendrez que la dette publique se composait à cette époque de quatre classes. Premièrement *dette constituée*. Exigible à terme fixe, exigible provenant de liquidation, dette provenant de diverses créations d'assignats.

Que signifie ce terme, dette constituée? plus loin il est dit : La dette constituée du clergé a été portée au chapitre de la dette constituée pour 2,642,600 livres *de rente annuelle*.

Cette dette constituée n'était donc pas remboursable; c'est cette partie de laquelle découle notre 5 p. o/o comme elle découlait elle-même des premiers prêts faits à l'État en rente perpétuelle.

Tel est le fruit de notre examen bien désintéressé; nous le livrons avec bonne foi à l'instruction et à la conscience de nos lecteurs.

RÉALITÉ, POSSIBILITÉ DU REMBOURSEMENT.

La justice de la conversion réside surtout dans la réalité du remboursement.

Ainsi l'ont entendu, ainsi l'ont proclamé certains organes de la presse dont l'influence est grande et méritée parmi les populations. Tous ont voulu affirmer la légalité du droit, opinion que nous combattons avec succès; mais aussi tous conviennent de l'invalidité de ce même droit, du moment où son exécution cesserait d'être réelle et se montrerait fictive. Rien de plus clair, rien de plus rationnel que cette partie de leur raisonnement. La conséquence en est simple et loyale, elle invoque le vrai, le positif dans une opération de finances qui ne peut être une déception, et deviendrait indigne d'un grand peuple.

Or, cette déception existe-t-elle? votre remboursement est-il

(1) L'Angleterre en 1835, par Raumer.

rée₁ ; en d'autres termes, possédez-vous *en espèces* dans vos caisses ce capital de deux milliards, somme nécessaire pour faire face à la totalité des demandes que les rentiers du 5 p. o/o ont le droit reconnu par vous-même de vous adresser? Nous disons en espèces, car toute autre valeur ne saurait être offerte ; il faut à l'instant même payer cet énorme capital de 100 millions de rente, le payer en or, en argent, et surtout ne pas s'abuser sur la légalité du remboursement par séries.

Car l'équité veut et le gouvernement l'a dit : *Il ne peut y avoir pour aucune de ces rentes ni préférence ni exception.*

Evidemment l'action du remboursement doit être simultanée, autrement la position de chaque rentier deviendrait exceptionnelle.

Or, personne jusqu'à ce jour n'a osé soutenir un encaisse de 2 milliards disponibles dans les coffres du gouvernement, ni même la possibilité de le réaliser ; on s'est perdu dans les emprunts, dans les séries ; on a prétendu timidement que M. Humann, à l'époque de son dernier ministère, s'était ménagé, par des capitaux affluents au trésor, une masse énorme de ressources. Quelle est donc cette masse énorme, sa composition, sa quotité? voilà ce qu'on laisse à deviner.

Honneur à M. Humann si les 2 milliards en espèces étaient groupés autour de son projet, s'il a pu mettre à sa propre disposition ce capital énorme, moitié de la monnaie décimale frappée depuis son origine en France (1). Mais, ajoute-t-on bien vite, une si belle ordonnance a disparu. M. Duchâtel a tout *gâté*. La Caisse d'épargnes, qui pouvait rembourser le 5 (notez bien ceci) (2), a

---

(1) Type de l'Empereur. 1,415,854,495,50
    Louis XVIII. 1,004,163,169,75
    Charles X. 685,430,240,50
    Louis - Philippe. 999,739,768,25
               Total. 4,205,187,674,00

(2) La Caisse d'épargnes en 1836 possédait seulement 93,532,603 fr. D'ailleurs les dépôts ne peuvent servir à un remboursement.

été jetée dans celle des consignations, de telle manière que voici les difficultés de 1833 singulièrement augmentées en 1837.

Qu'en conclure? C'est que sans rechercher l'opportunité, mot un peu vide, nous devons tout d'abord vérifier la possibilité du remboursement, c'est-à-dire la légalité exigée pour l'opération, car c'est là, en termes judiciaires, une fin de non-recevoir. Si la possibilité manque, ajournez. Qui sait? le système des affluents, si habilement combiné par M. Humann, pourra se reproduire dans l'avenir du ministère. Les financiers manquent-ils donc à la France?

Avec un ajournement ainsi motivé, vous rendez le repos au rentier, à la presse, à la tribune, au gouvernement lui-même, enveloppé de cette immense question qui remue toutes les passions, ébranle tous les ministères.

Eh bien, non, les mêmes hommes qui proclament les difficultés, montrent le déficit, poussent cependant à la discussion. Etrange incohérence de l'esprit humain! Qu'en devrait-il résulter de cette discussion? une impossibilité avérée de réaliser le remboursement.

Ici vient se présenter une combinaison clandestine dont la mauvaise foi a néanmoins trouvé des approbateurs.

On a dit : la rente 5 p. o/o embrasse deux catégories; d'abord le rentier véritable, stationnaire, celui qui ne regarde jamais au capital, mais seulement à l'exactitude du revenu. Son remboursement ne nous inquiète guère. Habitué au soleil de Paris, peu façonné aux affaires, tranquille dans sa vie, exempt de travail, comment, en quel lieu irait-il placer son capital? Il y a dans ce placement une montagne qu'il lui serait impossible de gravir, force est pour lui de subir la déception, fût-elle encore plus odieuse. Au fait, son remboursement se convertira en une retenue du cinquième. (Violation façonnée de la loi de vendémiaire an 6.)

Qu'importent la justice, les considérations, le trouble apporté dans les familles, la méfiance dans les contrats à venir, les questions d'usufruit et tant d'autres encore!

Passons à la seconde catégorie. Ici, il y a jeu, spéculation ; l'habitude est si grande, l'attrait est si fort que l'on spéculera, l'on jouera toujours.

Qu'importe au joueur, un de plus, un de moins dans l'intérêt ? Ses opérations agissent sur de grandes masses, sur les différences mensuelles ; il lui faut de l'agitation, de l'immensité dans les chances.

Certes, ce genre de capitaux ne se déplacera pas, du moins en totalité. Seconde facilité, second point de repos.

Qu'en conclure ? C'est qu'un remboursement de 2 ou 3 milliards ne peut donner aucune inquiétude avec la certitude acquise qu'il ne s'effectuera jamais.

Il est bien certain encore qu'une telle opération, basée sur cette combinaison, est indigne de la majesté d'un grand peuple, puisqu'il y aurait en cela violation de la politique, violation de la loyauté.

AVANTAGES PRÉTENDUS DU REMBOURSEMENT.

Les créateurs, les défenseurs de cette mesure ont beaucoup répété, ont jeté au travers des masses cette idée brillante, que toutes les sommes en résultant allaient couler comme le Pactole, comme un fleuve de prospérité, dans les canaux de l'agriculture, du commerce, de l'industrie ; Eldorado ne fut rien en comparaison. On a dit aux propriétaires : le capital de vos terres acquerra une immense valeur ; aux agriculteurs, il y aura bonheur à vous prêter ; au commerce, à l'industrie, que de moyens d'associations, quelle source de richesses facilement acquises par la fécondation de nos capitaux, par l'excessive diminution de l'intérêt ! Et le contribuable, quel moyen de le dégrever sans diminuer les ressources de l'Etat ! Voyez comme notre combinaison enrichit tout le monde. Hors le rentier, la joie est universelle. Mais qu'est-il, le rentier ? un point dans l'espace, une minorité imperceptible devant la majorité, un homme déjà trop

favorisé, car aucune charge ne l'atteint ; paie-t-il des contribu-
tions ? Non. Son revenu est-il saisissable ? Non, sans doute. Il
jaut le niveler. Vive l'égalité, à bas le privilége ! et les applaudis-
sements d'éclater ; car il y a de la magie dans ce mot de privilége.

Eh bien, cet édifice brillant, construit pour être admiré, a
justement toute la solidité d'un palais fantastique. Créé par la
déception, il s'évanouit devant l'examen.

Point de réalité dans le remboursement, adieu le Pactole
qui doit tout raviver.

Et ce serait une immense question à débattre que celle de
ces prétendus avantages. Ce serait une grande question soule-
vée par par l'énormité des capitaux lancés inconsidérément au
sein des populations. Leur absence se fait-elle donc sentir ? Et
l'industrie ! Mais elle bat monnaie sur les chemins de fer, dans
les mines, partout où le bras de l'homme peut atteindre, où
l'esprit peut s'égarer. Le commerce ne manque jamais d'argent
pour se ruiner. N'avez-vous pas assez d'usines, de magasins,
d'entreprises ?

Et l'agriculture ! elle manque de science, non de capitaux.
Personne ne vous en demande, et certes, cela est fort heureux,
car vous ne pourriez en donner à personne.

Laissons de côté ce triste échafaudage et revenons au positif.

RÉSULTAT RÉEL DE LA CONVERSION.

Quotité de la dette inscrite au premier janvier 1837 :

106,384,353 mobilisées.
40,734,119 immobilisées.
____
147,118,472

la conversion porte seulement sur la dette immobilisée et dont il convient de déduire :

$$106,384,353$$
$$24,000,000 \text{ au nom d'étrangers.}$$

Reste   82,384,353

dont 30 millions de rentes antérieures à la loi du grand-livre (93). A cette époque la dette consolidée se montait à 90 millions environ, dont le tiers conservé est de 30.

Si l'on convertit en quatre, le bénéfice sera du cinquième, environ 16 millions.

Si en quatre et demi, comme le voudraient un grand nombre d'esprits se croyant conciliateurs, le bénéfice descendra à 8 millions.

Résultat négatif d'une aussi triste opération.

Mais pourquoi, dira-t-on, distraire les 24 millions inscrits au nom des étrangers ?

Pourquoi ? la raison en est simple. Ces étrangers vous ont laissé leurs capitaux en raison d'un intérêt élevé. Aujourd'hui disparaît l'avantage. 4 p. o/o sont peu difficiles à trouver par tout pays. Dès lors, comment ne pas préférer un placement à portée, un placement qui permet de veiller soi-même sur son capital, de recevoir directement, d'épargner tous les frais? La même raison qui déterminera le rentier de Paris à ne pas se déplacer parlera à l'étranger pour demander son remboursement. 500 millions seront donc enlevés à votre pays pour passer dans un autre. N'y trouvez-vous pas quelque inconvénient ? n'y en a-t-il aucun dans le mode que vous serez forcé d'employer pour solder ces étrangers ? Réfléchissez !

Puis, examinez le détail de vos inscriptions. 50 millions au nom de propriétaires habitant Paris ou les banlieues.

20 millions, et beaucoup plus encore (voir le compte général des finances, tableau 429), appartenant à des mineurs ou à des dots.

Voyez quelle immense perturbation au sein de tant de fortunes! immense sous vos yeux! Là, devant vous, tout se trouvera bouleversé, car vous aurez porté le chagrin, le désordre, l'inégalité au sein de 80,000 familles. Est-ce ainsi que vous protégez les intérêts, que vous défendez l'enfance, la faiblesse? Qu'en résultera-t-il donc de ce grand bouleversement?

8 millions jetés au contribuable en diminution d'une contribution de 300,000,000.

Ni droit, *ni résultat*, ainsi se résume cette triste opération financière si pompeusement annoncée. Mais, n'auriez-vous donc pas à votre disposition quelque autre moyen plus facile, plus efficace et surtout plus juste de satisfaire cette tendresse spontanée dont vous avez été saisi tout-à-coup pour le contribuable?

Voyons, examinons!

AMORTISSEMENT.

L'amortissement fut créé pour éteindre la dette publique, ce qui excluait nécessairement toute idée de remboursement.

La loi du 21 floréal an 10 (Bonaparte premier consul) disait :

Si la loi ne peut conjurer toutes les circonstances qui, dans l'avenir, accroîtraient la dette de l'État, elle doit du moins constituer d'avance un ordre de *remboursement mesuré*, de manière à ce que, du moment où la dette s'élevera au-dessus d'une somme déterminée, cet excédant soit *nécessairement et constamment amorti*.

On le voit, dans cette pensée l'amortissement devait être une machine à vapeur fonctionnant aveuglément, rachetant en treize ans l'excédant des 50 millions, somme fixée pour la quotité de la dette (même loi).

Elle disait encore : L'individu qui confie sa fortune au gouvernement compte sur deux choses, la *stabilité* de sa créance et le paiement exact des intérêts (5 p. o/o sans retenue).

La loi du 10 juin 1833 donne à cette grande machine une

sorte d'intelligence; elle décide ainsi : Au-dessus du pair plus de rachat, réserve des fonds à ce destinés, dépôt à la caisse des consignations. (Nous parlons des 5 p. o/o.)

Avant 1835, l'amortissement fonctionnait sans relâche; depuis 1835, dans telle circonstance donnée il s'arrête indéfiniment.

Tel est l'historique de la caisse d'amortissement.

Voyons maintenant de quels fonds actifs elle dispose en ce moment. (5 p. o/o.)

D'après l'affectation de la loi de 1833. 19,352,410 fr.
Dotation annuelle.. 32,035,779
                        Total. . . . 51,388,189 fr. (1)

Déduction faite, bien entendu, de toutes les rentes annulées.

Or, notez bien que cette somme énorme de 51 millions reste inactive à l'égard du 5 p. o/o, puisque cette nature de rente, depuis long-temps au-dessus du pair, ne peut redescendre au-dessous sans une secousse bien inattendue.

Pourquoi donc ne pas détacher de cette somme réellement inactive une parcelle de 20 à 30 millions en faveur du contribuable? Alors votre opération sera nette, claire, juste et productive. Tout le monde la comprendra, y applaudira, et vous conserverez à une grande nation ce caractère de loyauté sur lequel aucun doute ne doit jamais s'élever.

Craignez-vous pour le crédit? il y aurait puérilité, faute de calcul. Mais, d'ailleurs, en diverses circonstances il a été parfaitement reconnu qu'une portion de ce fonds pouvait être employée sans nul inconvénient dans l'intérêt public. C'est un grand intérêt que celui des contribuables, lorsqu'il y a vérité, réalité. Votre amortissement ne reste-t-il pas assez large, assez doté, puisque, en agissant continuellement au pair, la dette de 100 millions de rente se trouverait amortie en moins de quarante ans?

_____

(1) Compte des finances, tableau 476.

Par la force de l'intérêt composé agissant au-dessus du pair, moins de dix ans suffiront pour combler la différence (1).

Le 3 p. o/o compte pour 35,743,303 fr. de rentes inscrites. Son amortissement est de 18,779,905 fr.

C'est-à-dire qu'en moins de trente ans les 3 p. o/o devront avoir disparu. Où est donc cette nécessité ? Egalisez les deux amortissements ; prenez ici 10,000,000 encore, et dans peu d'années vous ne devrez plus rien, et dès à présent le contribuable jouira d'un dégrévement annuel de 40 millions.

Alors vous aurez exécuté une opération juste, politique, financière, fait bénir 1830, et glorieusement marqué le règne d'un roi cher à la France.

(1) Ici pourrait s'élever cette question :
....Est-il avantageux à un grand État de conserver une dette publique ?
La discussion se présentera plus tard.

Janvier 1838.

IMPRIMERIE DE TERZUOLO,
rue de Vaugirard, 11.